C000026458

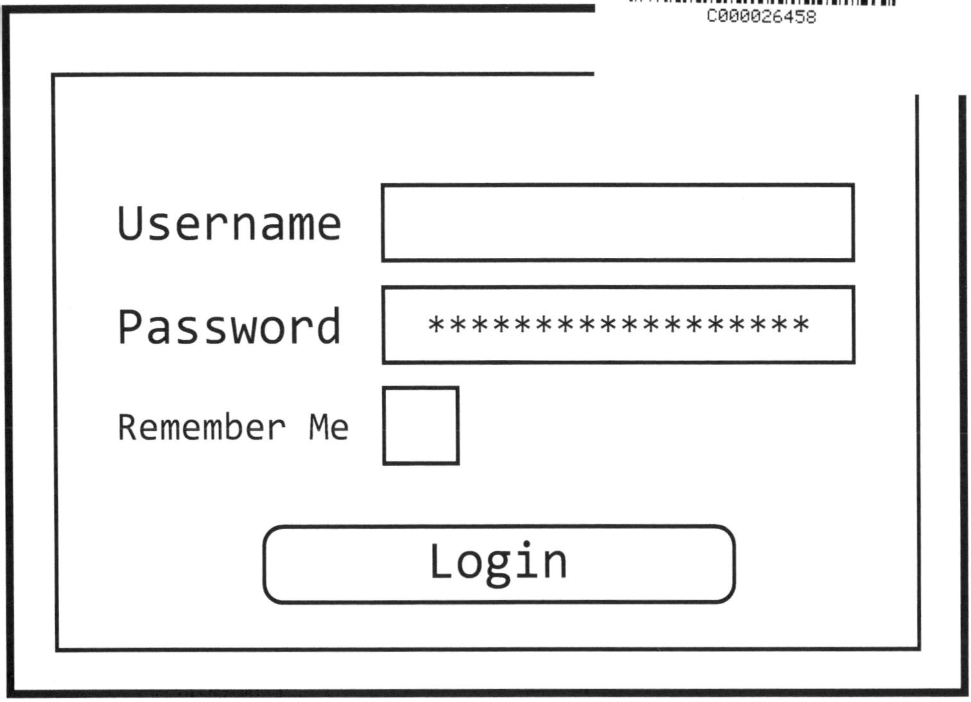

Impressum

©2020 by Weißhirsch

Michael Seidou
Weißhirsch
Fichtelbachstraße18d
86153 Augsburg

Weißhirsch

Printed in Great Britain
by Amazon

53570824R00073